LETTRE

A Mgr L'ÉVÊQUE DE M***,

SUR

LES CIRCONSTANCES PRÉSENTES.

25 SEPTEMBRE 1830.

Par M. Paulinier de Fontenille,

ANCIEN DÉPUTÉ DE L'HÉRAULT, ANCIEN LIEUTENANT-COLONEL AU CORPS
ROYAL DU GÉNIE, MEMBRE DE L'ACADÉMIE DE LYON, ETC., ETC.

MONTPELLIER,
IMPRIMERIE DE X. JULLIEN, PLACE LOUIS XVI.

1831.

AVERTISSEMENT.

CETTE longue lettre n'a pas été réellement adressée à Monseigneur l'Évêque de M.*** Mais (il doit l'avouer) l'auteur, en donnant cette forme épistolaire fictive à son ouvrage, avait espéré obtenir par là, de son si honorable et si bienveillant *ami* (qu'il lui permette cette expression hardie échappée à sa présomptueuse reconnaissance), obtenir effectivement la permission de le lui dédier nominativement. Cette ruse littéraire n'a eu aucun succès, Monseigneur s'est contenté de lire cette lettre *in-folio* sans donner aucune marque d'approbation ni d'improbation, et sans vouloir exercer une amiable censure vivement, mais vainement sollicitée de ses éminentes vertus, de son bon goût et de ses lumières. Il a témoigné plus tard à l'auteur son peu de contentement de ce que, se prévalant de son silence, l'auteur avait pris sur lui la liberté de publier, dans les 2ᵉ et 7ᵉ livraisons de *ses Variétés de l'Hérault*, le commencement de cette lettre historico-philosophique avec l'adresse exacte du prélat auquel il avait *in petto* l'intention secrète de le dédier.

D'après cela, qu'on ne s'étonne point des trois étoiles qui suivent l'initiale du nom de la ville épiscopale qu'on eut bien désiré continuer à mettre en toutes lettres, comme précédemment dans les Variétés.

LETTRE

A Monseigneur L'ÉVÊQUE DE M***,

Sur les circonstances présentes.

Florensac , le 25 septembre 1830.

Monseigneur,

Depuis que j'ai eu le bonheur de vous connaître, j'ai trouvé, en vous, un cœur de père et je n'ai cessé d'avoir, pour mon Evêque, une piété vraiment filiale; aussi, dans ces angoisses politiques, j'éprouve le besoin d'un entretien particulier avec vous ; je suis tourmenté d'idées provoquées par les circonstances actuelles et qui me roulent dans la tête ; je sens que je ne puis en être délivré qu'en les versant dans votre sein !... Pour les mettre ainsi au jour , il faut bien compter sur votre indulgence et sur la liberté, que vous m'avez donnée, en tout temps et sur les sujets les plus délicats de la conversation la plus intime: il faut presque accepter à présent et faire valoir ce titre de Chanoine

d'Épée, que vous aviez bien voulu renouveler,
pour moi, des temps passés, et que vous m'offriez
si gaîment, dans les soirées d'hyver, où nous con-
troversions, à perte de vue, sur les sciences, les
arts, la Métaphysique et même la Théologie!

Après ces préparations, qui ne sont pas ora-
toires, et en vous reconnaissant le droit très-na-
turel et très-légal de faire voler ma lettre en mille
morceaux, si elle vous déplait et de la livrer aux
vents, je vous dirai que j'ai beaucoup pensé à vous
dans les événemens qui viennent [de s'accomplir,
et qui, malgré leur date très-récente de six se-
maines, sont déjà passés dans le domaine de
l'histoire; mais, ce qui sincèrement me préoccupe
le plus, c'est votre situation! Voyons si je l'ai bien
comprise.

Vous êtes depuis vingt-cinq ans environ, Évêque de M....; ce Clergé et les fidèles de votre
diocèse, tous les Citoyens du Département,
dans toutes les classes, vous aiment et vous res-
pectent ; vous n'avez à présenter que de très-ho-
norables précédens sous tous les rapports! Votre
long séjour, dans ce pays, vous y a entièrement
naturalisé ; vous êtes tout-à-fait Languedocien.
Vous conviendrez avec moi que le terrain sur
lequel vous marchez est des plus inflammables !
Incedis super ignes : mais, vous avouerez aussi avec
moi que, si le peuple, qui vous a adopté, comme
vous vous êtes donné à lui, a l'esprit prompt,
la tête vive et le bras toujours prêt à frapper,

il a le cœur bon et le sentiment du vrai et du
juste quand il a un seul moment de réflexion
et que, les gens qu'il aime, et en qui il a confiance, lui donnent de bons conseils ; ce peuple
s'attache à ceux qui s'attachent à lui, et il
aime surtout ceux qui sont charitables, vifs,
bons et francs comme lui ; enfin, vous vivez et
vous exercez votre ministère en présence d'une
Communion Chrétienne, dissidente, riche et puis-
sante, au milieu de Protestans peu nombreux,
mais qui tiennent au premier rang de la société
et du commerce, et qui sont honnêtes et éclai-
rés. Ils vivent bien avec nous ; les braves gens des
deux Religions s'estiment réciproquement et se
rendent mutuelle justice ; enfin, il y a tolérance
parfaite, et les opinions religieuses ne sont pas
toujours ni le motif, ni l'indice des opinions politiques. Plût à Dieu, qu'on fût aussi heureux,
sous ce rapport, à N...!... malgré ce dangereux
voisinage, nous n'avons pas eu et nous n'aurons
jamais, je l'espère, le sujet de dire :

Infelix Mantua nimiûm vicina Cremonæ!..

Dans cette position morale et géographique,
dans ce *statu quo* politique et religieux, et après
les événemens accomplis, vos premières paroles,
Monseigneur, sont attendues avec un mélange
d'anxiété et de confiance, et vos premiers actes
officiels seront un grand événement !...

Le temps approche pour vous, s'il n'est déjà venu, de s'expliquer franchement et nettement, comme les circonstances l'exigent. Je vous vois promener vos réflexions solitaires dans ces belles allées de C..., d'où, en pensant au sort des Empires, et aux principes fondamentaux, bases de la société, vous voyez, en perspective, à leur extrémité, les antiques clochers de votre cathédrale et la longue et imposante façade du Palais, c'est-à-dire, les édifices où Dieu est adoré, et où les hommes sont jugés ; où sont établis les ministres et les archives de la foi divine et de la loi humaine, bases des sociétés complètes sur la terre. Cette vue ajoute à votre recueillement!...

Pendant que vous faites ces promenades méditatives, j'en fais, de mon côté, dans ma retraite champêtre de Saint-Apolis ; placé dans le lointain de l'agitation politique des esprits et des corps, dans la paix des champs, dans l'ordre et le travail aussi continu que régulier de la nature, je vois l'image d'une société parfaite, qui ne se laisserait guider que par les sentimens de la nature et les inspirations du ciel, par la vertu venant d'en haut, et l'équité puisée en nous-même!...

Ces idées m'ont fait faire bien du chemin sur les bords fleuris de l'Hérault et au murmure de ses eaux!...

Je suis revenu dans les siècles passés ; je me suis tourné, tout autour de moi, dans le cercle entier de l'horizon ; j'ai porté mes yeux vers l'avenir; enfin, j'ai fait, à part moi, une espèce de cours de politique, de morale civile et religieuse, d'histoire ancienne et moderne et de théologie légale et raisonnée applicable et appliquée au temps présent; je me suis ensuite mis à l'écrire pour vous l'envoyer. Ce sont des rêveries que je vous communique pour telles, mais non comme une pièce faite dans les Saturnales actuelles, et encore moins comme les observations de Gros-Jean, qui se croirait plus savant que son Curé et voudrait lui en remontrer; mais je m'aperçois que je me laisse aller et que, si je n'entre vite en matière, ma préface sera plus longue que l'ouvrage. Je commence donc *ex professo* sans m'embarrasser du style épistolaire que je prendrai, quitterai, à mon caprice, et que je rendrai peut-être même didactique, si la fantaisie me prend et si l'occasion se présente.

Je commence donc, dussé-je passer, à vos yeux pour l'élève, l'imitateur, et même le simple copiste de M. l'Abbé de La Mennais, dans son ouvrage de 1829, intitulé : *des progrès de la révolution,* etc.

Je vois la France aujourd'hui entre deux abîmes, la dissolution par l'anarchie intérieure ou la division par l'invasion triomphante extérieure. La société, chez nous, ne peut être stationnaire; elle ne peut s'arrêter et elle est condamnée, sous peine de mort, à marcher en avant et arriver à une société nouvelle, à une régénération spirituelle et matérielle, à l'obéissance d'esprit et de corps, de conviction et d'obligation, à un dogme divin et à un principe légal et généralement reconnu pour l'accomplissement de ce devoir; sans cela, plus de société possible. Il n'est même plus en notre pouvoir aujourd'hui, comme autre fois, d'osciller d'un règne à l'autre, en coupant alternativement, à droite et à gauche, l'aplomb du balancier moral et politique; il faut que ce balancier, mû et conduit par le temps, continue à parcourir, sans reculer, la circonférence entière des variations, et ne puisse arriver au point de départ qu'après avoir achevé le cercle des combinaisons possibles des choses de ce monde et de l'autre! c'est incontestable pour un observateur attentif et de bonne foi!

Il ne nous appartient pas à nous, simples particuliers, qui sommes dans le mouvement, mais en dehors de ces causes actives principales, de contribuer, en rien, à satisfaire à ce double besoin de la société actuelle, c'est à la société elle-même des intelligences et des opinions et à la masse des intérêts de la nation, de pourvoir, par une majorité réelle et imposante de volontés et de croyances communes, à sa nouvelle vie, à sa conservation, à sa durée et même à son existence!

Cela posé, sous le rapport des intérêts matériels et des événemens humains, nous sommes soumis au mouvement de fluctuation des majorités de l'opinion publique, formée ou à former; ce torrent nous entraîne depuis 1789 et il continuera à nous entraîner. Nous sommes embarqués sur cette mer orageuse que soulèvent les vents si variables des passions humaines, tant de la société que de ses membres, et où le calme et la sérénité ne peuvent nous venir que du Ciel. Nous aborderons où nous pourrons, si nous ne faisons pas naufrage ; dans ce cas, nous ne perdrons que corps et biens; nous aurions beau ramer et chercher à éviter les écueils où nous avons déjà touché, et où nous avons éprouvé tant d'avaries ! Aucun traité d'assurance ne peut être passé avec personne au monde pour nous garantir des sinistres qui nous menacent, et nous ne pouvons atteindre que par une manœuvre de tout l'équipage bien d'accord et avec la grâce de Dieu, au port du salut : enfin si l'atterage est au-dessus de nos forces physiques et morales, et que nous voulions cependant nous sauver, abandonnons tout et jetons-nous dans la barque de Pierre; elle porte seule l'ancre de sûreté sur laquelle nous pourrons mouiller avec confiance, à l'abri de nouvelles tempêtes, en attendant d'arriver bientôt dans l'autre monde éternel et immuable où sera l'ordre et toujours l'ordre, le bonheur et toujours le bonheur si nous avons été courageux, sages et utiles dans cette courte traversée de la vie !..

La foi et les croyances Catholiques sont les seules choses, en France, qui n'aient pas eu de révolutions ! notre religion a traversé et traversera tout les temps, tous les lieux, tous les peuples puisqu'elle a commencé avec le monde et qu'elle ne finira qu'avec lui. L'église a été victorieuse des erreurs, quand il a fallu les combattre, elle a été résignée et toujours obéissante quand il a fallu céder aux nécessités impérieuses des circonstances et aux exigences des hommes puissans que le Ciel a suscités, quand il n'y a eu à faire que des sacrifices humains, et qu'on n'a demandé, ni l'Apostasie, ni des soumissions contraires à l'essence de la doctrine et des devoirs fondamentaux, qui font la base du dogme, de la morale et du culte. L'église a varié dans sa discipline suivant les besoins et les changemens de la société ; et quand elle l'a modifiée ou changée, c'est légalement, en mieux, canoniquement assemblée, ou représentée par son chef, *nemine contradicente.*

Sa hierarchie est la plus belle qu'il y ait au monde ; et celle du peuple d'Israël n'en était que l'image. Dieu a institué l'ordre Episcopal pour régir son église jusqu'à la consommation des siècles ; *Posuit Episcopos regere Ecclesiam Dei.* C'est donc d'elle seule que nous devons attendre notre régénération spirituelle, et c'est à elle seule qu'il faut, dans cette vue, s'attacher pour obtenir les moyens de satisfaire au second besoin de la société. Sa propriété remarquable et vraiment divine, c'est de se développer avec la société elle-même et de se conserver à une hauteur toujours supérieure à celle des progrès de cette société humaine.

Suivons la religion dans sa marche passée pour

juger de sa marche à venir ; commençons et re-
montons à son origine quand le nouveau Testa-
ment fut substitué à l'ancien , dont il est la suite et
l'accomplissement.

L'empire Romain, trois siècles après Auguste ,
sous le règne duquel nâquit JÉSUS-CHRIST , s'é-
croule sous les coups des barbares ; la société ancienne tombe toute entière avec le paganisme, qui
ne peut lui survivre, parce qu'il ne peut pas rajeu-
nir cette société incomplète, ni en créer une
nouvelle. L'ancienne n'était fondée que sur la
force; elle disparait avec elle. Dans ce Cataclysme
de l'ancien monde, la foi est prêchée en Europe
par des Héros Apostoliques de la charité Evangéli-
que ; les vainqueurs, les vaincus et les indigènes
du théâtre des événemens s'embrassent, deviennent frères et se confondent sous le nom général
de Chrétiens. Il n'y a plus de gentils ni de barbares; de nouveaux hommes se forment avec ses
croyances nouvelles, devenues communes. La ré-
publique universelle Chrétienne se forme et se di-
vise en plusieurs royaumes encore existans, telle
que notre chère France formée, après le bap-
tême de Clovis, de Francs, de Gaulois et de Ro-
mains colonisés, qui se mèlent ensemble et ne font
bientôt plus qu'un seul peuple sous la dénomina-
tion de *Français*.

Grâces au Christianisme, l'esclavage est détruit,
les terres se défrichent, les villes se bâtissent autour des églises, les cités, devenues franches, don-

nent et communiquent la liberté personnelle et
politique aux serfs attachés à la glèbe; ils obtien-
nent aussi d'y habiter, et se rachètent avec leurs
pécules : le clergé donne le premier l'exemple de
l'affranchissement gratuit : la Couronne n'accorde
que plus tard cette faveur aux serfs de ses terres.

Les métiers les plus nécessaires aux besoins de
l'homme se perfectionnent; les arts arrivent à leur
suite, les mœurs s'adoucissent; la justice distribu-
tive se rend impartialement, enfin la face de la
terre se renouvelle tant au spirituel qu'au temporel!

Cependant les lumières sortent du sanctuaire et
de ces cloîtres où les moines avaient conservé le
dépôt des trésors scientifiques de l'antiquité; elles
se répandent dans le monde; elles échauffent
les esprits. La Poudre à canon, la Boussole, l'Imprimerie, l'Amérique sont découvertes.

Les fruits de l'arbre de science sont bientôt
amers; l'orgueil conduit la société plus éclairée à
sonder les sources de la croyance religieuse et à
attaquer Dieu, dans son église; elle demande la
réforme de la Religion, dans ses dogmes fondamentaux. Alors s'élève un combat sanglant et prolongé
des opinions armées du Catholicisme et du Pro-
testantisme; celui-ci triomphe en Angleterre et
son gouvernement devient une République-Mo-
narchique; celui-là reste victorieux en France,
et, en trois règnes, l'Autorité Royale, réglée par
les lois, s'élève, sous Louis XIV, à l'apogée de sa
splendeur. Les sciences, les arts et les lettres

concourent à augmenter l'éclat de la couronne
et à faire, de ce beau siècle, l'époque de notre
plus grande gloire littéraire. L'église, Catholique
Nationale à l'ombre du trône, devient en France
la plus éclairée et la plus vertueuse de celles de
la Chrétienté; mais hélas! le déclin commence,
pour elle, à ce point culminant. La religion
perd peu à peu de son influence sur les Rois et
sur les Sujets; elle se livre à des disputes scolas-
tiques, dignes des siècles d'ignorance et se laisse
dépasser par les sciences humaines, qui avan-
cent toujours pendant que les Jansénistes et les
Molinistes, Port-Royal et les Jésuites perdent
leur temps à se chamailler sans s'entendre et sans
qu'on les entende.

Cette lutte ridicule, dans le fonds, dans la
forme et dans les incidens, tourne à l'avantage
de l'incrédulité et au détriment de la foi; c'est
alors que commence le Philosophisme moderne,
après la ruine des mœurs et des croyances. Il
se fortifie de plus en plus pendant que l'Eglise
s'affaiblit graduellement; elle néglige les sciences
mathématiques, naturelles et politiques, les
philosophes l'attaquent avec des armes nouvelles qui lui sont inconnues; elle continue à se défendre avec les vieux argumens forgés contre
d'anciennes erreurs et déjà bien rouillés dans les
arsenaux de la Sorbonne et de l'Université.

L'église possède de grands biens territoriaux;
elle est exempte des charges de l'État; elle lève en

outre la dîme, espèce d'impôt indirect et général, non sur le net, mais sur le brut des produits du travail. Tout cela est signalé par les philosophes Économistes à une population qui s'augmente, qui se presse sur un territoire déjà trop étroit et qui est obligée pour subsister de redoubler tous les jours d'activité et d'industrie.

Cependant les riches *sinécures* du Clergé, pour ajouter un nouveau texte aux déclamations, deviennent de plus en plus la proie de la noblesse, de l'oisiveté et de l'intrigue et non la récompense des services, du mérite et de la vertu; le haut clergé séculier et régulier, qui ne fait rien, a tout!... Le bas clergé, qui fait tout, n'a rien!

Les procès, qu'entraînent la possession et la défense de ces richesses et de ces honneurs, de la part d'un ordre, qui prêche le détachement des bien de la terre, ajoutent au scandale de l'époque. La magistrature profite de ces constestations, portées devant elle, pour augmenter son influence; elle montre une partialité affectée pour le peuple; l'opinion publique, ainsi appuyée, se déclare d'abord contre les ministres de la religion, puis contre la religion elle-même et ses croyances; mais la clef de la voûte de l'édifice qu'on veut renverser quoique bien lié et cimenté dans toutes ses parties est le point d'attaque des ouvriers acharnés à la démolition; ils voyent avec raison que ce point enlevé tout le reste s'écroulera; les philosophes se font Gallicans pour abattre Rome; *ce centre de l'unité sans lequel,* dit Bossuet; *il n'y a plus de Catholicité.*

Les parlemens s'unissent aux démolisseurs et se font aussi Gallicans qu'on pouvait l'être à cette époque, en France. Sous leurs coups réunis, la Compagnie de Jésus, qui combattait, en tête du parti opposé, succombe enfin et, après avoir été expulsée par le bras séculier, elle est détruite par Clément XIV dans toute la Catholicité. Quelques-uns de ses membres se réfugient en Russie et en Prusse, pays séparés de l'unité ; le grand Frédéric et la grande Catherine leur offrent un asyle, dans leurs états. C'est de là qu'il sont ressortis plus tard, à la voix de Pie VII !...

Il est inutile de dire que cette compagnie a fait beaucoup de bien et beaucoup de mal à la Religion et à la Société par ses intrigues à la Cour, comme cause de la destruction de Port-Royal, de la révocation de l'édit de Nantes, et comme auteur et instigateur de nos troubles religieux depuis Louis XIV jusqu'à la Révolution. Cependant la France doit à ce corps beaucoup de reconnaissance pour les progrès qu'il a fait faire à l'éducation. Les Jésuites, puisqu'il faut les appeler par leur nom, excellaient dans cette partie, aussi fallait-il qu'ils rentrassent dans leurs collé-ges et qu'ils n'en sortissent plus. Ils auraient pu dire alors, avec raison, que leur institut était formé *ad majorem dei gloriam* !...

Les philosophes vainqueurs se détachèrent

bientôt de leurs alliés les parlementaires qui se re-
gardaient non seulement comme juges, mais encore comme magistrats chargés aux lieu et place
des États Généraux non convoqués depuis Louis
XIII, d'être les médiateurs entre les Monarques
et les Sujets, de défendre leurs droits respectifs
pesés dans la balance de la justice et d'empêcher
leurs empiétemens réciproques.

Les parlementaires avaient au fond des principes solides de religion, de royalisme et de patrio-
tisme ; mais ils avaient trop de morgue ; les philosophes allaient déjà beaucoup trop loin pour
eux. Ceux-ci se jetèrent après leur séparation du
côté des économistes : et enfin, maîtres de l'opinion
publique, qu'ils dépravaient de plus en plus et de
jour en jour par la licence des opinions, des écrits
et des mœurs, ils sappèrent les bases de l'ordre
social, les croyances et l'autorité. Secondés par

..... *Cet esprit de vertige et d'erreur,*
De la chûte des Rois funeste avant-coureur.

Ils renversent tout !... Le Trône et L'autel, qui
se prêtaient un mutuel appui, s'écroulent l'un sur
l'autre, aux cris mal compris de vive la liberté
d'abord, et bientôt de vive l'Égalité, vive la Répu-
blique ou la Mort. L'autorité, les richesses et les
honneurs possédés par la haute classe de la société,
par suite du principe proclamé de la Souveraineté
du Peuple, passent, de la classe la plus élevée,

I

www.ingramcontent.com/pod-product-compliance
Lightning Source LLC
Chambersburg PA
CBHW061815040426

42447CB00011B/2661